MILLONARIOEMPRENDEDOR . GUIA COMPLETA PARA INSTAGRAM MARKETING

COMO CREAR TU PERFIL DE INSTAGRAM DESDE 0 EN 5 SENCILLOS PASOS + CONSEJOS PARA ROMPER EL ALGORITMO

@millonarioemprendedor

Daniel Martínez
Copyright © 2020 Daniel Martinez

Todos los derechos reservados.
ISBN: 9798654038029

DEDICATORIA

Estas paginas van dedicadas a todas las personas que creen en sus sueños y metas y que dia a dia se levantan dando gracias a Dios por una nueva oportunidad de alcanzarlas .

MILLONARIOEMPRENDEDOR . GUIA COMPLETA PARA INSTAGRAM MARKETING

INDICE

PROLOGO: Quien es Daniel Martínez - @millonarioemprendedor_____8

PASO 1: Empezar_____**13**

Define tu mercado Objetivo _____**15**

PASO 2: Escoge un nombre atractivo_____**17**

PASO 3: Crea contenido de buena calidad_____**19**

PASO 4: Crea una comunidad_____**21**

PASO 5: Invierte en tu pagina_____**26**

CONSEJOS PARA ROMPER EL ALGORTIMO DE INSTAGRAM_____**29**

COMO ACELERAR TU CRECIMIENTO_____**32**

AUTOMATIZA_____ 37

VENTAS_____ 40

AGRADECIMIENTOS

Todos mis agradecimiento son para
Dios y mi familia que me han apoyado en este camino como
emprendedor a desarrollar este proyecto que esta enfocado a ayudar
a miles de personas en el mundo de habla hispana a desarrollar sus
negocios y emprendimientos por medio de la comunidad de
millonarioemprendedor

PROLOGO

Quien es Daniel Martínez - @millonarioemprendedor

¡Antes que nada, quiero felicitarte por tomar acción! vas a empezar un camino en el mundo de las redes sociales con una de las más importantes y de más interacción que hay en este momento: *INSTAGRAM*.

Me conocen como una persona alegra, motivadora, positiva y con muchas ganas de sacar adelante todos mis proyectos. Casado con una mujer espectacular que me mando Dios en el camino y padre de una hermosa hija; quienes son mis motores más potentes para seguir adelante y nunca pero nunca desfallecer ante ninguna circunstancia.

Estuve trabajando varios años como empleado en cargos directivos en el área de ventas y estrategias comerciales hasta que me di cuenta que lo mío no era cumplir horarios ni reglas de un 8 a 5 durante 35 o 40 años para jubilarme así que decidí emprender y trabajar de manera independiente y autónoma. En marketing digital estamos navegando los últimos 4 años de mi vida aprendiendo de distintas fuentes, pagas, gratuitas, presenciales y virtuales.

He tenido muchos proyectos que no dieron resultados, otros que ya están caminando solos, es decir están en la etapa de crecimiento y mi más grande satisfacción es entregar mi conocimiento a las personas que estén a mi lado para ayudarlos a crear y sostener un negocio por internet, que es donde están las verdaderas oportunidades de crecimiento, aprendizaje y abundancia.

Tengo muchas cosas por aprender, tengo muchas cosas que cambiar, pero esa es la vida, te da una nueva oportunidad de tomar decisiones día a día.

La comunidad de *@millonarioemprendedor* es un proyecto en el cual le he metido TODO, lagrimas, risas, noches en vela, peleas con mi familia, alegrías, retos cumplidos, metas alcanzadas; pero lo más importante, está sirviendo como centro de aprendizaje y capacitación para muchas personas de habla hispana de todo el mundo ...

Gracias por creer en este proyecto, gracias por creer en mí y gracias por leer estas pocas líneas que traigo para ti, que espero las aproveches al máximo y te sirvan como trampolín para zambullirte en el mundo del marketing digital y ventas.

Salud por ti y por todo lo bueno que te espera

" Es mejor crear algo y ser criticados por todos , que no crear nada y vivir criticando a los demás "

Steve Jobs

EMPEZAR

Recuerda que, para llegar a algún sitio, terminar una carrera de atletismo o alcanzar alguna meta propuesta debes empezar, dar el primer paso.

Y **TU,** déjame decirte que te encuentras por encima del **90 %** de las personas a tu alrededor, ya que decidiste dar el primer paso en esta carreta Atlética para cumplir todos tus objetivos, metas, sueños y anhelos de tu corazón.

Sin embargo, recuerda que no solo es dar el primer paso y ya, no, debemos seguir un largo camino educándote y aprendiendo de las personas que ya tiene resultados que tu deseas.

Vas a empezar a pensar que tipo o estilo de vida has deseado tener y que hoy no lo has obtenido, después vas a definir las pequeñas metas que deben ser claras, medibles y alcanzables en un corto, mediano y largo plazo; para esto te recomiendo que hagas un plan.

Por ejemplo, si hoy decides crear o mejorar tu cuenta de Instagram para que empieces a desarrollar esa idea que tienes en mente hace semanas, vas a estar más cerca de cumplir tus metas que ayer.

¡¡Toma acción, piensa y decide que vas a lograrlo y ve a demostrarle a muchas personas que no creen en ti y nunca lo hará que SI ES POSIBLE HACERLO!!

"Aquellos que son lo suficientemente locos como para pensar que pueden cambiar el mundo, son los que logran hacerlo"

PASO 1 DEFINE TU MERCADO

El mercado que vamos a definir antes de crear nuestra cuenta de Instagram es aquel público el cual vamos a dirigir todas nuestras campañas, publicaciones, estrategias y actividades para llamar su atención y entregarles todo el contenido de valor que ellos están buscando y desean que **TU** les des por medio de tu página. Algo que te va a ayudar a identificar **¿Como son?** ¿Qué piensan? **¿Que desean en la vida?** ¿Como se visten? **¿Como se comportan?**, después puedes pensar en lo siguiente: ¿Que quieren ver en mi cuenta? **¿Porque me seguirán?** ¿Cuáles son sus deseos y anhelos más grandes?

Mientras más conozcas y entiendas a las personas que deseas atraer va a ser más sencillo encontrar eso que ellos desean y que tengan interacción con tu página.

En el caso de *@millonarioemprendedor* se creó para un público el cual desea cada día mejorar sus habilidades, capacidades y emprendimientos basados en la motivación por medio del marketing digital con la finalidad de desarrollar negocios por internet y que con estos pueda desarrollar todo su potencial como ser humano.

PASO 2

ESCOGE UN NOMBRE ATRACTIVO

Antes de definir tu nombre con el cual vas a crear tu cuenta de Instagram te sugiero tener presentes los siguientes aspectos:

MILLONARIOEMPRENDEDOR . GUIA COMPLETA PARA INSTAGRAM MARKETING

Debe ser un nombre que sea fácil de recordar para todas las personas, fácil de escribir y fácil de pronunciar.

Tener la lógica y coherencia con tu razón de ser de tu emprendimiento y/o negocio.

Por ejemplo: no vas a llamar @quemalavida a una panadería.

Tu nombre no debe llevar caracteres especiales o números.

Y lo más importante, que te gusta y te sientas feliz con él.

Tomate el tiempo necesario para decidir qué nombre le vas a dar a tu cuenta ya que si lo haces de manera efectiva habrás empezado con el pie derecho.

Antes de decidir el nombre de *@millonarioemprendedor* en una hoja de papel coloqué varias palabras relacionadas con el nicho de mercado que había decidido en el punto anterior , entonces coloque: emprendedor , emprender , millonario , libertad, negocios , marketing y quizá 10 palabras más que en este momento no recuerdo ; y las empecé a mezclar y buscar en Instagram que no hubiera ninguna cuenta con el mismo nombre , hasta que llegue a la combinación de MILLONARIOEMPRENDEDOR y me gusto , no había en ese momento otra cuenta con el mismo nombre así que ....la bautice así ....

PASO 3

CREA CONTENIDO DE CALIDAD

Antes de empezar a subir tu post a Instagram, primero toma el tiempo para pensar en lo siguiente:

¿Qué tipo de imágenes les gustaría encontrar a mis seguidores?

¿Qué tipo de imágenes me gusta encontrar a mí en las páginas las cuales sigo en Instagram?

Te voy a contar algo, Instagram es la red social en la cual las marcas, empresas, emprendimientos y demás generan su contenido **100 % visual,** que quiere decir esto, que tus seguidores desean ver una imagen de muy buena calidad en tu post, un mensaje que de verdad les guste o les llame la atención y después de eso van a empezar a seguirte, interactuar contigo y a recomendarte con los demás.

En este punto te cuento que puedes adquirir una Guía espectacular para que empieces tu cuenta de Instagram de emprendimiento y motivación como la nuestra (envíanos un mensaje a la cuenta de Instagram millonarioemprendedor para tener información de ella)

PASO 4

CREA UNA COMUNIDAD

Es muy importante que empieces a crear una comunidad alrededor de tú cuenta en Instagram y de tu marca, debes dar a conocer hacia dónde vas, cuál es tu misión, que deseas hacer en el futuro (no importa que nicho de mercado hayas decidido, así seas una cuenta de memes), tus seguidores no querrán perderse de nada si los involucras en todas tus acciones y decisiones.

Cuando tus seguidores se tomen el tiempo de enviarte un comentario en un post, un mensaje directo; debes responder en el menor tiempo posible, así vas a generar confianza y credibilidad ante ellos, recuerda que no hay mejor publicidad que el boca a boca y las recomendaciones de tus seguidores.

Quizá te estés preguntando si esto tiene que ver con el éxito que deseas tener con tu cuenta de Instagram, y déjame contestarte que SI. El secreto mejor guardado que ahora tú lo sabes desde hoy, es la creación de comunidades para triunfar y crecer consistentemente en Instagram, enfocadas en **compartir muchísimo valor.**

No se trata sólo de promocionar y vender productos, esto va más allá. Debes interesarte realmente en las personas y pensar en formas ingeniosas para entretener y ayudar a los demás por medio de tu conocimiento, producto o experiencia y lo más importante en tu contenido de valor.

Cuando conformas una comunidad alrededor de tu emprendimiento puede llegar a ser más valioso que cualquier otra cosa.

COMUNIDAD @MILLONARIOEMPRENDEDOR

En el caso de *@millonarioemprendedor* tenemos la comunidad basada en la capacitación gratuita por medio de nuestra área de miembros, allí tenemos varios webinar enfocados en Marketing Digital y ventas (envíanos un mensaje a la cuenta de Instagram millonarioemprendedor para tener información de ella) donde las personas que deseen pueden empezar con su aprendizaje totalmente gratis con nosotros.

También tenemos el grupo de Engagement o interacción de Instagram en WhatsApp (envíanos un mensaje a la cuenta de Instagram millonarioemprendedor para tener información de ella) donde todos los días tenemos 3 actividades de interacción en tu post de Instagram para romper el algoritmo y lograr mayor alcance en cada una de nuestras publicaciones.

Y también puedes unirte al grupo de Chat de @millonarioemprendedor en WhatsApp (envíanos un mensaje a la cuenta de Instagram millonarioemprendedor para tener información de ella) donde interactuamos con nuestros seguidores enviándoles información, datos, consejos, alguno que otro meme jejeje de temas relacionados a Marketing Digital y Ventas.

PASO 5

INVIERTE EN TU PAGINA

Hay muchas formas de hacer publicidad a tu página en Instagram y encontrar paginas similares a

MILLONARIOEMPRENDEDOR . GUIA COMPLETA PARA INSTAGRAM MARKETING

la tuya que están dispuestas a ayudarte a incrementar tus seguidores es

más frecuente, así que no tengas miedo de invertir un par de dólares para hacer crecer más rápido en seguidores e interacción.

Otra forma de atraer público interesado en tu página es hacer colaboración con otras páginas de similar temática y con cantidad de seguidores parecido así comparten publicaciones en sus historias o post para que intercambien seguidores y juntas paginas crezcan. En esta modalidad por lo general no se invierte dinero ya que juntas cuentas están creciendo.

" Pregúntate si lo que estás haciendo hoy te acerca al lugar en el que quieres estar mañana "

Walt Disney

CONSEJOS PARA ROMPER EL ALGORITMO DE INSTAGRAM A TU FAVOR

Ten presente que no todos tus seguidores van a ver todo lo publicas, y si lo ven puede ser varias horas e incluso después de varios días, el algoritmo de Instagram se basa esencialmente en la interacción de los usuarios con tu contenido, así que te diré las variables que normalmente tienen en cuenta para hacer que se destaque y llegue a muchas más personas. Básicamente calcula la interacción que tu cuenta tiene con tus seguidores, si tu post o historia recién publicada adquiere notoriedad y genera likes (por eso tenemos nuestro propio grupo de interacción en la comunidad), comentarios, mensajes directos, visualizaciones y cualquier tipo de respuesta por parte de tu comunidad, Instagram lo considera y detecta como relevante y lo mostrará a un mayor número de cuentas.

Antes de continuar debes tener claro los siguientes conceptos:

Relevancia: Tiene algo de interés para el resto de la comunidad.

Afinidad: Va a mostrar tu contenido a los usuarios que estén más activos.

Tiempo: La rapidez de la interacción determina el éxito de una publicación o historia, mientras más rápido sea, Instagram considerará que ese contenido es útil y relevante para otros usuarios y lo mostrará a más cuentas.

Puedes romper el algoritmo y usarlo a tu favor de varias formas, aquí te comparto las que utilizo en mi cuenta *@millonarioemprendedor:*

Secuencias de Historias: Mantener a tu audiencia interesada en todo lo que publicas diariamente, tu cuenta se hará mucho más visible a un público nuevo.

Mensajes directos y comentarios: Debes responder y agradecer rápidamente a todas las personas de la manera más personalizada posible.

Prueba las nuevas funcionalidades y stikers: Instagram premia a quienes usan más y mejor la aplicación, usa encuestas, preguntas, llamados a la acción y todas las funciones que tienen.

Rapidez en la Interacción: Para aumentar la velocidad de respuesta de tus seguidores debes agendar un ahora del día para esta tarea.

COMO ACELERAR TU CRECIMIENTO

Primero que todo deberás tener claro que lo que debes hacer es ponerte delante de tu audiencia, brindarles todo el contenido de valor que puedas y tratar de establecer una conexión directa y real con tu audiencia. Es fundamental que tengas el enfoque para identificar dónde está tu público objetivo y presentarles tu cuenta y que sepan quién eres. Ahora, la pregunta que te estás haciendo es: **¿Como puedo dar a conocer una cuenta nueva a personas nuevas e interesadas?**

Antes de darte algunos consejos para responder tu pregunta, primero debes saber que detrás de cada cuenta de Instagram se encuentra un ser humano que se relaciona e interactúa con más personas como tú, si logras conectar con esas personas y entregarle todo el valor suficiente vas a activar el poder de la voz **a voz** y vas a empezar a ser viral ya que estas personas te van a recomendar con sus amigos a que te sigan.

El objetivo principal es motivar e inspirar a tus actuales seguidores para que le cuenten a todos sus amigos y conocidos sobre todo el contenido de valor que subes a diario en tu cuenta.

Ahora, a continuación, te voy a nombrar algunas estrategias orgánicas **(GRATIS)** para que tu cuenta sea más atractiva para que la compartan tus seguidores actuales y a su vez tengas la oportunidad de crecer tu audiencia:

GOLPEA LAS PUERTAS DE TUS FUTUROS SEGUIDORES: Busca cuentas más grandes que la tuya del mismo nicho y debes estar pendiente cuando suban una publicación, en ese momento vas a las personas que le dieron «me gusta» a esa publicación y empiezas a seguirlo, le das un comentario real y honesto en algunas de sus publicaciones; es algo muy sencillo que hoy en día funciona.

HACER CONCURSOS: Puedes entregar contenido extra al de tus publicaciones por ejemplo puedes rifar una asesoría contigo, puedes rifar libros, (en nuestra biblioteca tenemos más de 600 e-books que puedes comprar para ello) haciendo que las personas te comenten, etiqueten a alguien y dar likes a tus publicaciones. Te dejo la descripción de uno de los concursos que hemos hecho en la cuenta:

☐ Quieres tener estos E-books en tu biblioteca Virtual??

Es muy fácil ☐

☐ Te voy a regalar estos 3 E-books .

Tu vida nunca será igual después de leerlos

☐ Participa siguiendo los siguientes pasos:

☑ Sigue @millonarioemprendedor .

☑ Dale me gusta a esta publicación.

☑ Etiqueta 3 amigos. ☐ Cierre de concurso 19 abril a las 18:00 Horas Hora Colombia

☐ No se vale etiquetar famosos y puedes participar cuantas veces quieras.

Éxitos ☐☐☐

CONFORMA ALIANZAS: Únete a varias cuentas de tu mismo nicho de mercado y así empiezan a hacer actividades de mutuo acuerdo para entregar contenido de valor a su audiencia, por ejemplo lives , concursos , retos . Estas actividades son muy bien recibidas por tus seguidores.

Ya viste la forma de empezar a crecer de manera orgánica tú cuenta, es decir, sin invertir un solo dólar, solo tiempo; ahora te nombrare algunas estrategias de crecimiento con PAGO, invirtiendo un par de dólares :

- **PAGAR PUBLICIDAD DIRECTAMENTE EN LA PLATAFORMA DE INSTAGRAM:** Si deseas obtener buenos resultados con esta alternativa, primero debes identificar muy bien los intereses de tu audiencia, cuando hagas la segmentación. Instagram tiene el conocimiento de todo y de todos y si logras captar la atención de las personas correctas vas a tener un crecimiento exponencial.

- **PAGAR PUBLICIDAD EN CUENTAS DE MILES O MILLONES DE SEGUIDORES:** Lo que debes hacer primero es analizar si la cuenta tiene seguidores que puedan estar interesados en tu contenido, después mira el número de seguidores y el engagement. Confirma si mueven las historias constantemente, las historias en ocasiones pueden ser más efectivas que un post. No debes olvidar dar contenido de valor y llamar a la acción con un texto persuasivo, aprovecha también el "desliza hacia arriba" y no olvides negociar un paquete favorable.

- **PUEDES EMPEZAR COMPRANDO UN CUENTA CON NUMERO DE SEGUIDORES RESPETABLE:** Para nadie es un secreto que empezar desde cero en cualquier red social es de mucho trabajo, pero debemos hacerlo, ahora, hay una forma de tener una autoridad en la cantidad de seguidores de nuestra cuenta y es comprando una con una cantidad elevada de seguidores para que empieces a fidelizarlos y ante las demás personas te muestres con autoridad en tu nicho de negocio. (Si deseas saber algunos precios o valores de cuentas en venta y su nicho escríbenos en un mensaje directo a nuestra cuenta) .

Quiero hacer una pausa y felicitarte porque en este punto ya estás en un nivel superior a la mayoría de las personas que están intentando crecer y triunfar en Instagram. ¡Muy probablemente has empezado a desarrollar habilidades que inclusive tu no sabias que tenías a lo largo de este libro y ese es mi objetivo, que despiertes todo el genio que tienes dentro de ti y lo pongas en práctica junto con tus dones que te han sido dados desde el cielo!

Por eso estoy seguro que entenderás que no debo decirte cual es la mejor combinación de estrategias o secretos para ti, esta es una decisión que deberás tomar en base a tu criterio personal. Lo que sí puedo decirte es tener en cuenta factores como: el presupuesto que tienes, tus objetivos o metas planteadas, las características y beneficios de tu producto y/o servicio, el nicho de mercado, tus actuales condiciones y que tu modelo de negocio debe ser sostenible. Recuerda que las estrategias que acabas de aprender pueden y deben ser complementarias, solo debes encontrar una combinación que más se adapte a ti y tu negocio para lograr acortar tu camino y potenciar tu crecimiento.

AUTOMATIZA

Todos los puntos que leíste anteriormente te generan algunas dudas e incertidumbre como: Y entonces necesito estar "pegado "a Instagram las 24 horas del día "y que posiblemente no vas a tener el tiempo de disfrutar y descansar y llevar la vida que deseas y te mereces. *DEBES AUTOMATIZAR*.

Tranquilo es porque aún no te he mostrado la forma automatizar y poner en piloto automático el crecimiento de tu cuenta. Debes enfocarte sólo en lo que realmente importa, simplifica al máximo tu proceso y organiza tu tiempo de trabajo por bloques, es decir, dedica bloques de tiempo de 2 horas aproximadamente cada 3 días para adelantar y programar post futuros o para responder mensajes directos y/o comentarios.

No puedes olvidar que estamos en la era digital y todo se puede automatizar.

Te compartiré algunos métodos, técnicas y herramientas que puedes aplicar para ser más productivo en tu día a día con tu cuenta de Instagram. Lo más importante es identificar las actividades fundamentales y buscar la forma de programarlas o agilizarlas. Te nombrare algunas importantes que me parecen más fáciles de usar:

- **TU CONTENIDO DEBE SER DIFERENTE:** Imagen y/o video y descripción: En Facebook y YouTube hay un gran de contenido muy exitoso, es decir, viral; que puedes adaptar. También es importante que utilices formatos de diseños minimalistas y limpios

Una vez tengas claro todo el proceso, podrás buscar alguien que lo haga por ti.

DEBES PUBLICAR CONTENIDO A DIARIO: en esta era digital puedes encontrar herramientas para que puedas delegar ese proceso, yo recomiendo la versión gratuita de Hootsuite, con esta herramienta ya no es necesario estar todos los días pendiente de tu Instagram, como vimos hace un momento, debes organizar tu tiempo de trabajo por tandas y dedícale intervalos de 4 horas a la semana para crear y programar tu contenido, te quedará mucho tiempo para dedicarlo a otra actividad.

RESPONDER MENSAJES DIRECTOS Y COMENTARIOS: En este punto debes aplicar el mismo método de organizar, agendar y cumplir tu tiempo de trabajo y también puedes utilizar la función nativa de Instagram para guardar respuestas rápidas predeterminadas, lo importante en este punto es ingeniarse una que parezca personalizada, y que a la vez funcione para toda tu audiencia.

DISEÑAR HISTORIAS CON SECUENCIAS DE IMÁGENES QUE COMPARTAN CONTENIDO DE VALOR Y LLAMEN LA ATENCIÓN: Las historias de Instagram tienen un poder de conversión bastante alto. Debes conectar con tu audiencia por medio de historias y contenido de gran valor. Investiga como lo hacen las cuentas más grandes y adáptalo a tu emprendimiento. (Ten en cuenta que sólo cuando tengas más de 10.000 seguidores podrás hacer que deslicen hacia arriba).

Cada vez estas más cerca de triunfar en Instagram, analiza tus opciones, piensa en todo lo que has aprendido hasta este punto y "trabaja" inteligentemente. Debes fortalecer tu mentalidad, atrae cosas positivas con tus pensamientos y tus acciones, el camino se ira abriendo por sí solo, recuerda estar atento ante las oportunidades y aprovéchalas.

VENTAS

Esta es la parte que estabas esperando, lo sé, tú y yo sabemos que ningún emprendimiento es sostenible sin un flujo de caja constante, pero también sabemos que antes es necesario invertir tiempo y dinero inteligentemente, por suerte para todos, Instagram puede ser una forma muy inteligente de ver resultados sin la necesidad de tener con mucho capital de dinero para comenzar.

Debes tener presente esto: Instagram es una herramienta para conectar con personas y crear comunidades, NO para vender.

Cuando tengas consolidada tu cuenta, puedes empezar a ofrecer tus productos y/o servicios de manera indirecta. Antes debemos saber y será necesario utilizar estrategias complementarias para convertir esos seguidores en tus futuros clientes, ese va a ser el contenido de mi próximo libro , no te lo puedes perder

¡Estas dando un paso GIGANTESCO!

Aplica todo lo que te explicamos en esta libro de una forma coherente, consistente e inteligente y haz que tu negocio y/o emprendimiento sea un nuevo caso de éxito de Instagram.

Miles de bendiciones para ti y toda tu familia,

www.ingramcontent.com/pod-product-compliance
Lightning Source LLC
Chambersburg PA
CBHW040250220526
45473CB00001B/440